글·그림 게르다 라이트

1975년에 태어나 할레의 부르크 기비헨슈타인 예술대학과 라이프치히 미술대학에서 공부했고,
프리랜서 일러스트레이터 겸 작가로 활동 중입니다. 지은 책으로는 《길과 집》
《우리는 이민 가족입니다》《Meine ganze Familie》 등이 있습니다.

옮김 서지희

한국외국어대학교 독일어과를 졸업했으며, 다양한 분야의 책을 번역했습니다.
지금은 번역에이전시 엔터스코리아에서 출판기획자 및 전문번역가로 활동하고 있습니다.
옮긴 책으로는 《코끼리》《북극곰》《안녕! 우리나라는 처음이지?》
《릴리의 어느 멋진 날》 등 여러 권이 있습니다.

감수 배재근 (서울과학기술대학교 환경공학과 교수)

서울과학기술대학교와 동경공업대학교에서 환경공학을 공부했습니다.
환경부 중앙환경정책위원회 등 다양한 곳에서 활동했고, 지금은 학생들을 가르치며
폐기물 처리와 자원화를 위해 애쓰고 있습니다. 지은 책으로는 《기후변화와 녹색환경》
《폐자원·바이오매스 에너지화 정책 및 기술》 등이 있습니다.

쓰레기는 쓰레기가 아니다
세상에서 가장 귀찮은 쓰레기에 관한 모든 것

초판 1쇄 발행 2019년 7월 17일 **초판 11쇄 발행** 2024년 11월 26일
글·그림 게르다 라이트 옮김 서지희
펴낸이 최순영

교양 학습 팀장 김솔미 **편집** 이유진
디자인 urbook

펴낸곳 ㈜위즈덤하우스 **출판등록** 2000년 5월 23일 제13-1071호
주소 서울특별시 마포구 양화로 19 합정오피스빌딩 17층
전화 02)2179-5200 **홈페이지** www.wisdomhouse.co.kr **전자우편** kids@wisdomhouse.co.kr

ISBN 979-11-90065-59-7 73530

* 이 책의 전부 또는 일부 내용을 재사용하려면 반드시 사전에 저작권자와
  ㈜위즈덤하우스의 동의를 받아야 합니다.
* 인쇄·제작 및 유통상의 파본 도서는 구입하신 서점에서 바꿔드립니다.
* 책값은 뒤표지에 있습니다.
* 이 책의 사용 연령은 8~13세입니다.

쓰레기는 쓰레기가 아니다

세상에서 가장 귀찮은 쓰레기에 관한 모든 것

글·그림 **게르다 라이트**　옮김 **서지희**

위즈덤하우스

우리가 무엇을 하든
쓰레기가 많이 남아요.

쓰레기는 **귀찮아요.** 우리는 쓰레기를 얼른 버리고 완전히 잊고 싶어 하죠.

그렇지만 쓰레기는 쓰레기가 아니기도 해요.
누군가가 버린 쓰레기가 다른 누군가에게는
가치 있는 물건일 수도 있거든요.

우리는 아직 사용할 수 있는 물건을 버리기도 해요.

또 어떤 물건은 못 쓰게 됐는데도 버리지 않고 그냥 둬요.
무엇이 쓰레기인지를 명확히 구분할 수는 없어요.
각자가 정하는 거죠.

쓰레기는 심지어 **박물관**에 전시되기도 해요. 백여 년 전에는 마르셀 뒤샹이라는 사람이 화장실 변기를 전시해 놓고 예술 작품이라고 설명했대요. 그 뒤로 온갖 쓰레기가 박물관과 미술관에 전시되었어요. 전시된 쓰레기는 더 이상 쓰레기가 아니에요. 전시를 통해 작품으로 인정받고 돈도 많이 벌 수 있죠.

이런 작품은 가끔 쓰레기로 오해받고 버려지기도 해요.

더 알아보기
*1)
91~93쪽에서
더 깊이 알아보아요!

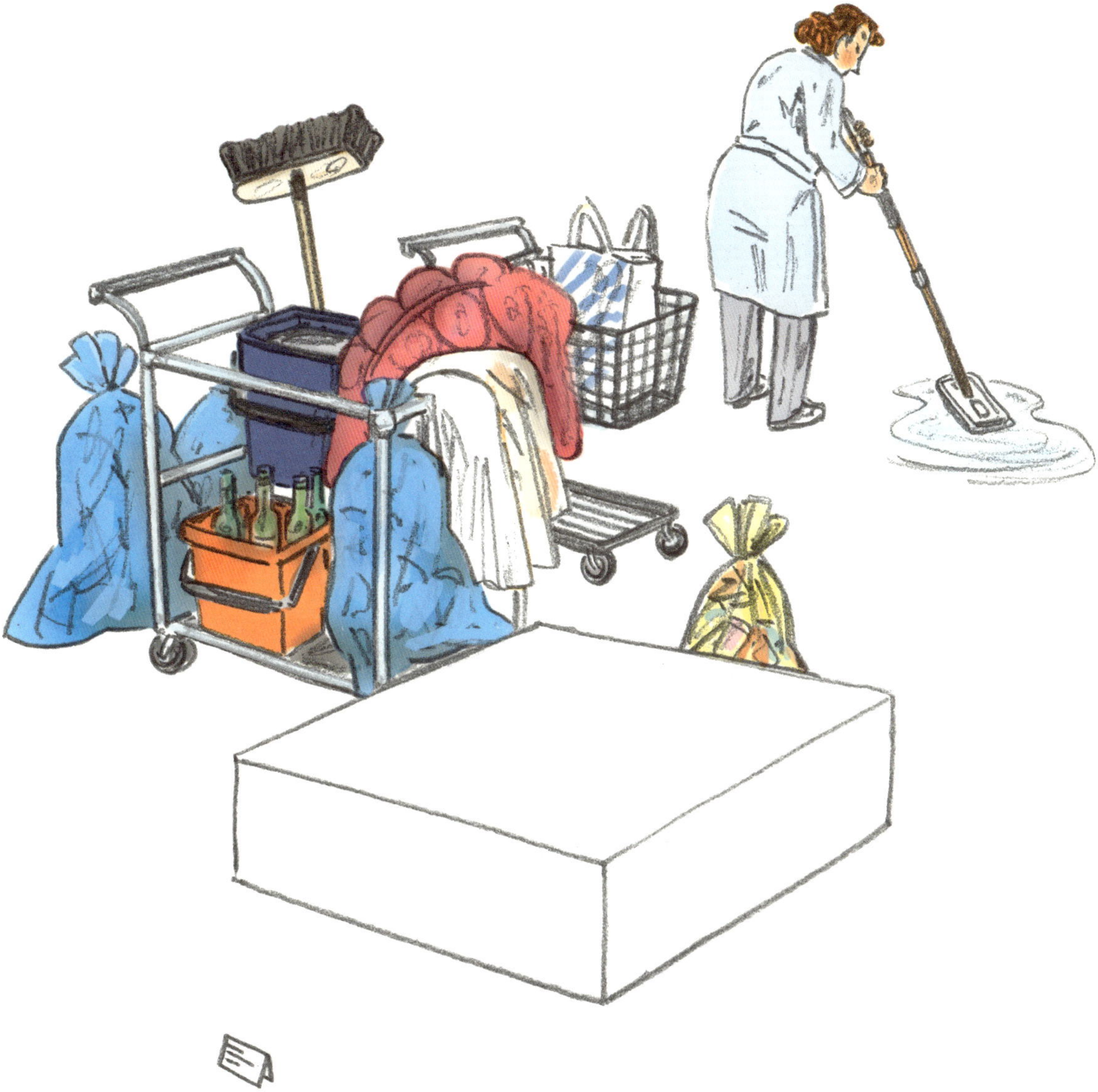

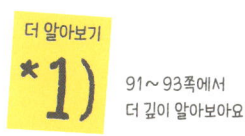

박물관에서는 아주 오래된 쓰레기도 전시해요.
학자들은 귀중한 쓰레기를 찾아 이곳저곳을 다녀요.

원시인이 살던 **동굴** 안

한때 마을이 있던 지역의 **들판**

아스팔트 밑,
오래된 건물 옆,
오래된 길가의 도랑 속

재래식 화장실 구덩이 속까지!

오래된 쓰레기를 보면 옛날 사람들의 생활 모습에 대해 많은 것을 알 수 있어요. 부자였는지 가난했는지, 무엇을 먹었고 무엇을 가졌는지, 무엇이 중요했고 또 무엇이 중요하지 않았는지를 말이에요.

그럼 미래의 사람들은 우리의 모습을 어떻게 알 수 있을까요? 아마 지금 우리 **쓰레기통**에 들어 있는 것들을 통해서겠죠. 한번 볼까요!

부엌에 있는 각종
쓰레기통

종이와 플라스틱병,
유리병을 모아 둔 **상자**,
봉투 또는 **부엌 구석**

쓰레기는 여러 종류의 **쓰레기통**에 버려져요. 나라마다 지역마다 조금씩 다르지만, 대부분은 비슷해요.

일반 쓰레기
음식물 쓰레기
플라스틱, 비닐
유리

쓰레기 수거차가 규칙적으로 와서 이 통을 비운 다음, 쓰레기를 싣고 떠나지요.

헌옷 수거함

전자 제품 폐기물

액체 폐기물: 화장실, 세면대, 식기 세척기, 세탁기에서 나온 더러운 물

종이

유독성 폐기물: 이 쓰레기는 정해진 장소에 모아 두어야 해요. 정해진 날에만 수거하거든요.

하지만 쓰레기통이 따로 없는 특별한 쓰레기들도 있어요.

예를 들어 **대형 폐기물**, 가구처럼 큰 물건

쓰레기 수거차가 쓰레기를 가져가면 영영 볼 수 없게 되죠. 그런데 버려진 쓰레기가 정말로 없어지려면 아직 멀었어요.

액체 폐기물, 즉 **하수**는 배수구로 흘러내려 가요.

그런 다음 여러 관과 지하의 하수구를 지나 **하수 처리장**으로 간답니다. 하수 처리장에서는 하수의 더러운 물질을 없애고 깨끗하게 만들어 강으로 흘려보내요. 하지만 마실 수 있을 정도로 깨끗하지는 않으니 마시지 마세요!

음식물 쓰레기는 **음식물 쓰레기 자원화 시설**로 보내요.
여기서는 밀폐된 공간에 음식물 쓰레기를 두고 몇 주 동안 저절로
썩게 두어요. 사람이 할 일은 별로 없어요. 일은 세균이 다 하죠.
이 과정을 거친 음식물 쓰레기는 좋은 퇴비가 되어 농부와 원예업 종사자에게
거름이나 배양토로 판매되어요. 몇몇 새로 지은 시설에서는
특별한 세균이 바이오 가스를 생산하기도 해요. 이 가스를 태우면
전기가 생긴답니다. 쓰레기에 **에너지**가 숨어 있는 거예요.

만약 집에 정원이 있다면 음식물 쓰레기를 직접
퇴비로 만들 수 있어요.

그리고 지렁이 수백 마리가
맛 좋은 쓰레기를 게걸스럽게 먹어
치우는 모습을 관찰할 수 있어요.

이 쓰레기는 기름진 검은색 **부식토**가 된답니다.
부식토는 화단에 뿌리는 흙이에요. 부식토로부터
영양분을 얻고 자란 식물은 죽고 나면 마찬가지로
부식토가 되어 또 다른 식물의 영양분이 되어요.
자연에서는 모든 게 다시 쓰여요. 완벽하게 **순환**되죠.

우리는 자연의 순환을 흉내 내려고 노력해요.
이를 **리사이클링**(Recycling, 재활용)이라고 불러요.
다시 순환시킨다는 뜻이에요. 이미 사용한 원료를
다시 거두어 쓰면 새 **원료**를 쓰지 않아도 돼요.
쓰레기가 새로운 물건으로 다시 태어나면서
순환이 가능해진답니다.

금속으로 만든 물건이 쓰이기 시작한 뒤로
인간은 부러진 검이나 말발굽처럼 망가진
금속제 물건을 다시 녹여서 활용했어요.

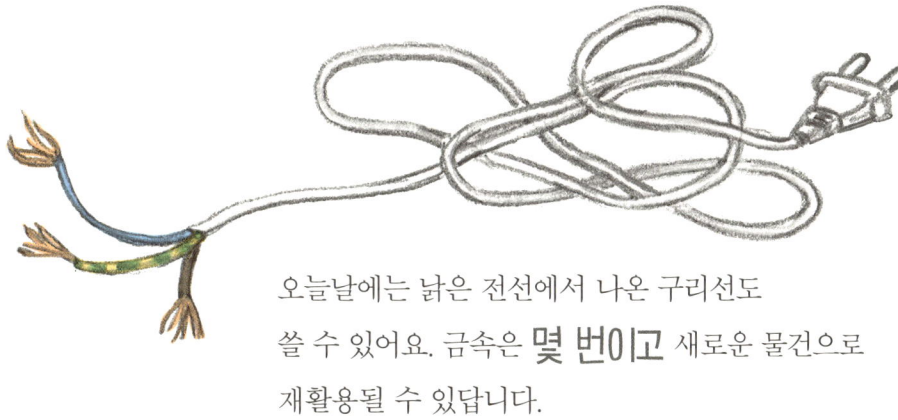

오늘날에는 낡은 전선에서 나온 구리선도
쓸 수 있어요. 금속은 **몇 번이고** 새로운 물건으로
재활용될 수 있답니다.

유리도 녹여 쓸 수 있어요. 다 쓴 병과 잔 역시 **몇 번이든** 새것으로 만들어 쓸 수 있죠.

다 쓴 **종이**로는 새 종이를 만들 수 있어요.

종이를 물에 녹여서
섬유 입자를 재활용해요.

종이는 **5~7번쯤** 다시 새 종이로 만들 수 있어요.

한번 인쇄된 잉크도 완전히 없어지지 않아요. 그래서 **재생 종이**는 주로 어두운 색을 띠고, 작은 점들이 보이기도 한답니다.

하지만 종이의 섬유는 매번 조금씩 짧아져요. 그러다 종이를 푼 물이 회색 죽처럼 되면 더 이상 새 종이로 만들 수 없어요.

플라스틱은 단단한 것, 연한 것, 색깔이 있는 것과 유독성 첨가물이 들어간 것 등 여러 종류가 있어요. 쓰레기통에는 보통 형형색색 플라스틱이 전부 뒤섞여 있는데, 꼼꼼히 고른 플라스틱만 새것처럼 재활용할 수 있어요. 플라스틱을 고르는 작업은 대형 선별기를 이용해서 하는데 비용이 많이 들어요. 그래서 새 플라스틱을 생산할 때는 주로 새 **원료**를 써요.

여러 가지 플라스틱을 모으면 공원 벤치처럼 색깔이 짙고 튼튼한 물건을 만들 수 있어요. 이 벤치는 더 이상 재활용할 수 없죠. 그러니까 다 쓴 플라스틱은 새로운 물건으로 **딱 한 번** 재탄생하는 거예요. 그런데 **한 번도** 다시 쓰이지 못하는 경우도 많아요. 잘 타는 플라스틱의 성질을 이용해 불에 태워서 전기와 열을 얻기도 하니까요.

자연의 순환은 완벽해요. 반면에 인간이 만든 기술적인 순환에는 안타깝게도 몇 가지 **문제점**이 있어요.

쓰레기통에서 나온 쓰레기는 먼 곳까지 운반되어요. 비용이 많이 들죠!

이런 벤치처럼 더 이상 재활용할 수 없는 물건이 많아요.

재활용하기 전의 물건에 들어 있던 유독성 물질이 새로 만든 물건에도 들어가요.

여러 가지 원료를 써서 만든 물건이 많아요. 이런 물건은 기계가 선별하지 못하고 결국 재활용도 할 수 없어요.

어떤 물건은 쓰레기통에 제대로 분류되지 않아서 재활용할 수 없어요.

이렇게 한 번 사용한 원료를 모두 재활용할 수는 없기 때문에 계속 새 원료가 필요해요.

쓰레기 중에서 다시 쓸 수 있는 것을 전부 골라내고 나면, **일반 쓰레기**가 남아요. 일반 쓰레기는 **쓰레기 매립장**으로 보내요.

예전에 쓰레기 매립장은 그냥 거대한 쓰레기 더미였어요. 그런데 비가 내리면 쓰레기 산에 있는 독성 물질이 지하수에 흘러든다는 사실이 알려졌어요. 또 쓰레기 더미의 쓰레기가 서서히 썩으면서 메탄가스가 생기는데, 메탄가스는 폭발할 수 있을 뿐만 아니라 환경에도 매우 안 좋은 영향을 미쳐요. 그래서 이제 이런 쓰레기장은 운영하지 않아요.

현대식 매립장 바닥에는 밀폐 비닐이 깔려 있어요. 그 위로 쓰레기가 층층이 쌓이죠. 독성을 지닌 썩은 물은 관을 통해 밖으로 내보내요. 메탄가스는 모아서 에너지로 이용하고요. 나중에는 매립된 쓰레기 위에 비닐과 흙을 덮어 공원으로 만들곤 한답니다. 하지만 안에 있는 쓰레기는 공원이 된 뒤에도 한참 동안 남아 있죠. 미래의 학자들이 그중에 남은 쓰레기를 찾아내어 박물관에 전시할지도 몰라요. 어쨌든 쓰레기 산 바닥의 비닐에는 절대로 구멍이 나서는 안 된답니다!

쓰레기 산이 여기저기에 솟는 걸 막기 위해 요즘에는 대부분의 일반 쓰레기를 **쓰레기 소각장**에서 처리해요. 쓰레기를 태우며 발생한 에너지로는 전기를 만들거나 온실과 주택에 난방을 공급하죠. 그래도 쓰레기가 완전히 없어지지는 않아요.

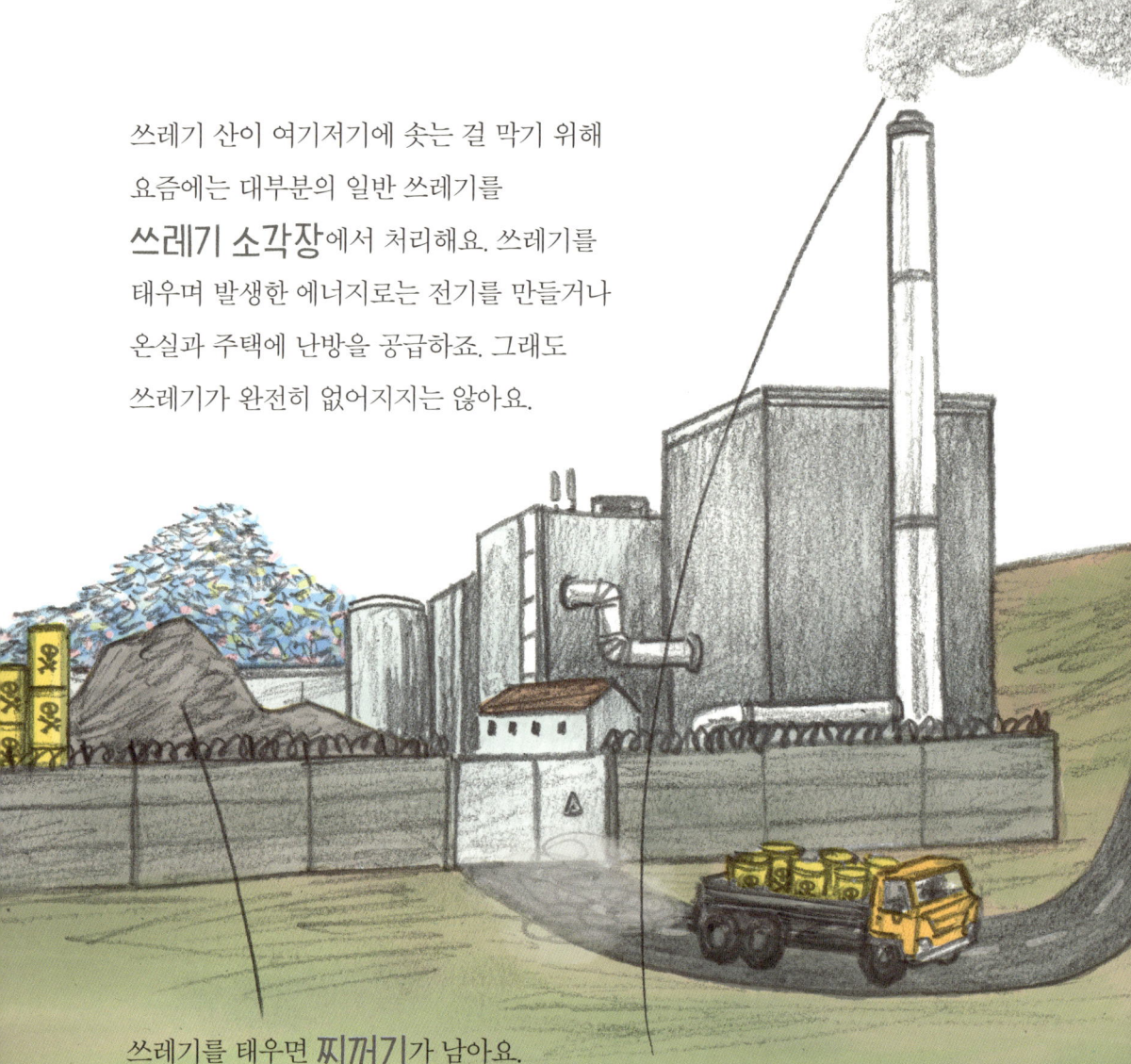

쓰레기를 태우면 **찌꺼기**가 남아요. 쓰레기 찌꺼기는 매립장으로 보내거나 새 도로를 만드는 재료로 사용해요.

일부는 독한 **매연**으로 변해요. 예전에는 이 매연을 그냥 공기 중에 내보냈지만, 요즘에는 유독성 물질을 미리 필터로 걸러요. 그럼 필터에 남은 물질은 어디로 갈까요?

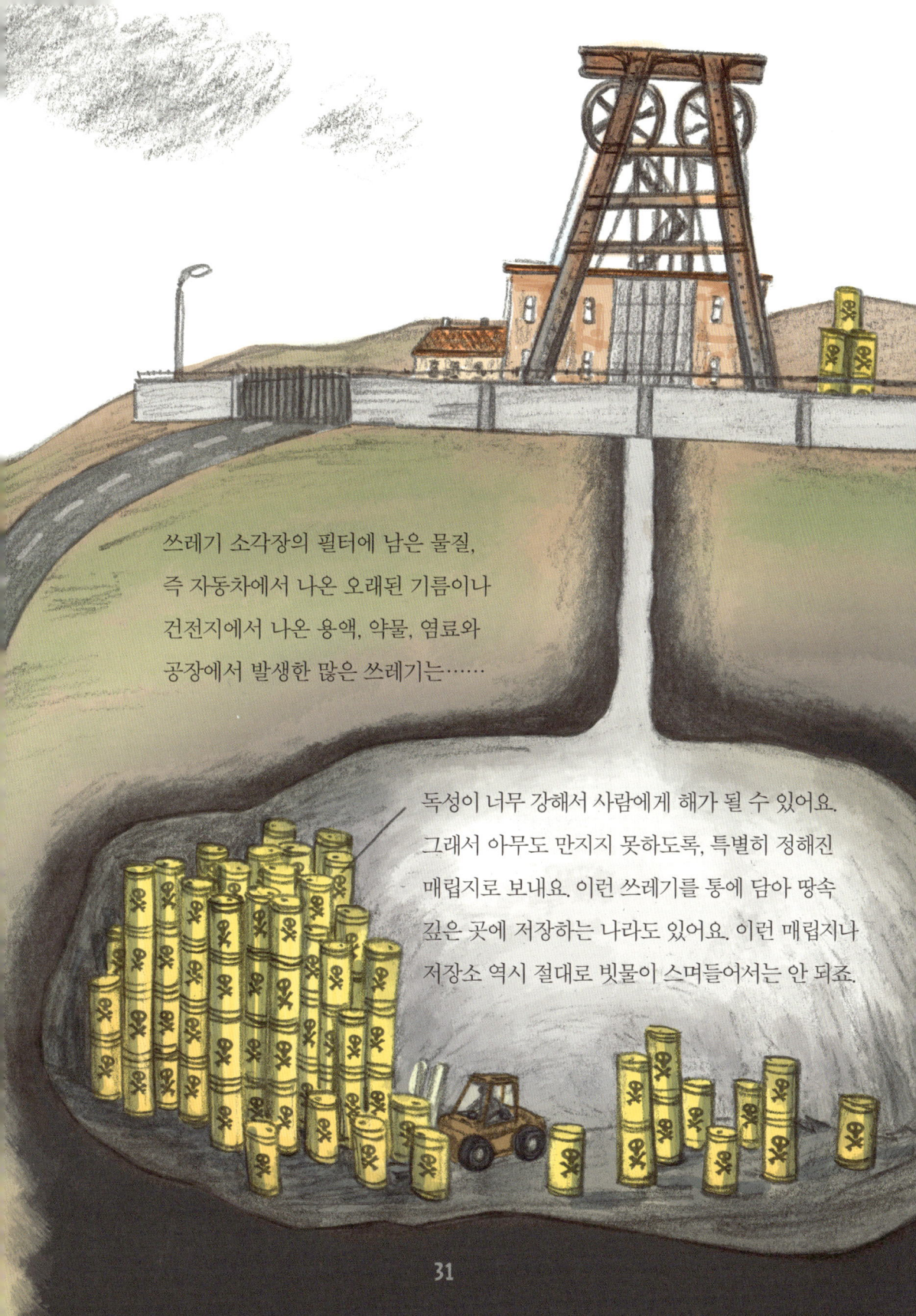

쓰레기 소각장의 필터에 남은 물질,
즉 자동차에서 나온 오래된 기름이나
건전지에서 나온 용액, 약물, 염료와
공장에서 발생한 많은 쓰레기는……

독성이 너무 강해서 사람에게 해가 될 수 있어요. 그래서 아무도 만지지 못하도록, 특별히 정해진 매립지로 보내요. 이런 쓰레기를 통에 담아 땅속 깊은 곳에 저장하는 나라도 있어요. 이런 매립지나 저장소 역시 절대로 빗물이 스며들어서는 안 되죠.

그보다 더 위험한 건 원자력 발전소에서 전기를 만들 때 발생하는
핵폐기물이에요. 이런 쓰레기에 너무 가까이 노출되면 심각한 질병에
걸리거나 기형아를 낳을 수도 있어요. 이 쓰레기는 어디로 갈까요?
이런 걸 가까이 두고 싶은 사람은 당연히 아무도 없을 텐데 말이에요.

더 알아보기
*2)

핵폐기물은 수천 년이 지나도 위험하기 때문에
영원히 묻어 둘 수 있는 장소를 찾아야 해요.
방사능은 치명적이지만 눈에 보이지 않으니
미래의 사람들에게도 그 위험성을 알려야 하죠.
어떻게 알릴 수 있을까요?

생물과 마찬가지로 물건에도 **생애**가

있어요. 모든 물건에는 긴 역사가 담겨 있죠.
가장 먼저 누군가가 물건을 발명해요.

다음에는 원료를 구할 차례예요.
나무를 베고, 광산에서 광석을 캐거나
시추선에서 석유를 퍼 올려요.

공장으로 옮겨진 원료로
만든 물건은······

상품으로 판매되고······

누군가에게 팔려
그 사람의 집으로 가요.

쓰레기도 영원히 남지는 않아요. 세상의 모든 것은 분해되니까요. 철은 녹슬고, 돌은 부서지고, 암석조차 모래가 되어요. 하지만 자연의 거대한 순환 속에서 없어지는 건 아무것도 없어요. 모든 게 새롭게 변하죠. 단지 시간이 엄청나게 오래 걸릴 뿐이에요.
우리 인간에게는 **영원**과도 같은 시간이랍니다.

많은 물건이 아주 잠깐 쓰였다가 쓰레기가 되어 긴 생애를 보내요.

하지만 언젠가는 쓸모가 없어지는 날이 와요.
우리가 영원히 가지고 있는 물건은 거의 없고,
아주 적은 물건만이 박물관으로 가죠.
대부분은 언젠가 버려져요.

그 물건은 한동안 누군가의
물건이 되어 쓰여요.

예전에는 모든 걸 **고쳐서** 수명을 늘리곤 했어요. 대부분의 사람들이 계속 새것을 살 형편이 안 되었는데, 물건을 고쳐 쓰면 새로 사는 것보다 비용이 훨씬 덜 들었거든요.

새로 산다고? 그건 정신 나간 짓이지.

가진 게 적으면 버리는 것도 적어져요.
필요는 발명의 어머니라는 말도 있죠.
옛날 책에는 물건을 고쳐 쓰는 아주 기발한
방법이 많이 실려 있어요.

아이들 옷은 품을 넓히거나 길이를 늘일 수 있어요!

구멍 난 **양말**도 살릴 수 있어요. 양말의 발 부분을 잘라내고 새로 뜨면 되죠.

낡은 **담요**로는 예쁜 재킷을,

아빠의 낡은 **셔츠**로 아이 원피스를 만들어요.

오래 쓴 **침대보**는 가운데를 잘라서 다시 꿰매 붙여요. 이때 닳아서 얇아진 가운데 부분이 바깥으로 가도록 해요.

해진 **수건**으로 새 때밀이 수건을 만들어요.

자투리 천으로는 인형을 만들 수 있어요.

작은 **자투리 천**을 모아 붙여 알록달록한 담요를 만들어요.

낡은 **울 스웨터**를 풀어 모자와 장갑을 떠요.

헌 옷을 길게 잘라 꼬아서 깔개를 만들어요.

어려운 시절을 겪으신 나이 많은 분들은 버리는 것을 힘들어 하기도 해요. 모든 걸 갖고 있으려 하죠.

요즘처럼 많은 걸 내다 버린 적은 없었어.

옛날에
사람들은 대부분 시골에 살았고 가난했어요. 먹을 것은 전부 직접 농사지었고, 가지고 있는 물건은 모두 손수 만들었죠.

포장은 없었어요. 먹고 남은 음식은 동물에게 주었고, 고장 난 물건은 고쳐 썼어요. 불에 타고 남은 재와 재래식 화장실에서 나온 똥오줌은 거름으로 썼고요.

남은 가죽 자투리나 뼈와 그릇 조각은 거름 더미나 정원 한구석에 던져 놓았죠.

도시 사람들은 시장에서 포장 없이 물건을 샀어요. 쓰레기가 생기면 집과 집 사이의 틈에 쌓아 두거나 강에 던지거나 창밖으로 쏟아 버렸죠.

골목길은 악취가 나는 쓰레기 진창으로 뒤덮였어요. 몇 년 뒤에는 그 위에 새 디딤돌을 놓았죠. 그렇게 땅이 점차 높아졌어요.

쓰레기에서는 쥐와 병원균이 무럭무럭 자랐어요. 결국 전염병이 돌아 많은 사람이 죽기도 했죠.

공장이 세워지자 점점 더 많은 사람들이 일자리를 얻기 위해 도시로 몰려들었어요. 도시는 점점 커지고, 철도가 건설되었어요.

공장에서는 새로운 물건을 만들었어요. 이 물건을 먼 곳까지 옮기기 위해 깡통이나 나무 상자, 종이 등으로 포장했죠.

사람들은 소매점에서 장을 봤어요. 여전히 포장은 별로 없었지만 점차 늘어났어요. 거리와 마당에는 쓰레기가 쌓이기 시작했죠. 말똥, 석탄 난로에서 나온 재, 음식물 쓰레기와 포장재 따위였어요.

질병에 걸릴까 봐 불안했던 대도시의 사람들은 쓰레기를 수거하기 시작했어요. 도심에서 수거한 쓰레기를 도시 외곽에 버렸죠. 하수 처리를 위해 관과 하수구도 설치했어요.

새로운 소재가 발명되었어요. 바로 플라스틱! 값이 싸고 원하는 대로 모양을 바꿀 수 있는 소재죠. 플라스틱으로 만든 물건이 점점 더 많아졌어요.

그리고 끔찍한 세계 전쟁이 두 번이나 일어났어요. 온 세계가 가난함과 배고픔에 허덕였죠. 사람들은 뭐든 아끼고 덜 버렸어요.

낡은 집을

철거하거나 다시 지을 때 생기는 **건축 폐기물**도 아주 많아요. 집 자체가 크기 때문에 건축 폐기물도 부피가 상당하죠. 독일의 몇몇 도시에는 작은 언덕 위에 만들어진 공원이 있는데, 이 언덕은 전쟁 때 무너진 집들의 잔해랍니다.

전체 쓰레기에서 가장 많은 양을 차지하는 쓰레기는 우리가 볼 수조차 없어요. 광산과 공장에서 생기는 **산업 폐기물**이거든요. 땅에서 파낸 원료는 화학 물질을 이용해 암석에서 분리하는데, 이 과정에서 암석, 흙, 유독성 진흙 찌꺼기 등이 남아요. 원료를 쓸모 있는 물질로 만드는 과정에서도 달갑지 않은 부산물이 생기죠. 쓸모 있는 물질로 물건을 만들 때에도 마찬가지고요. 우리가 버린 모든 것 뒤에는 사실 **훨씬 더 많은 쓰레기**가 숨어 있는 거예요.

티셔츠

쓰레기

쓰레기가 없는 곳은 거의 없어요.
깊고 깊은 바다 밑바닥에도 있고……

가장 높은
산꼭대기에도 있어요.

우주에도 쓰레기가 있어요. 고장 난 인공위성과 다 타 버린 로켓이 **우주 쓰레기**가 되어 지구 주위를 떠돌며 미래의 우주 탐사를 위협해요. 잘못해서 이런 쓰레기와 부딪치기라도 하면 사고가 날 수 있어요.

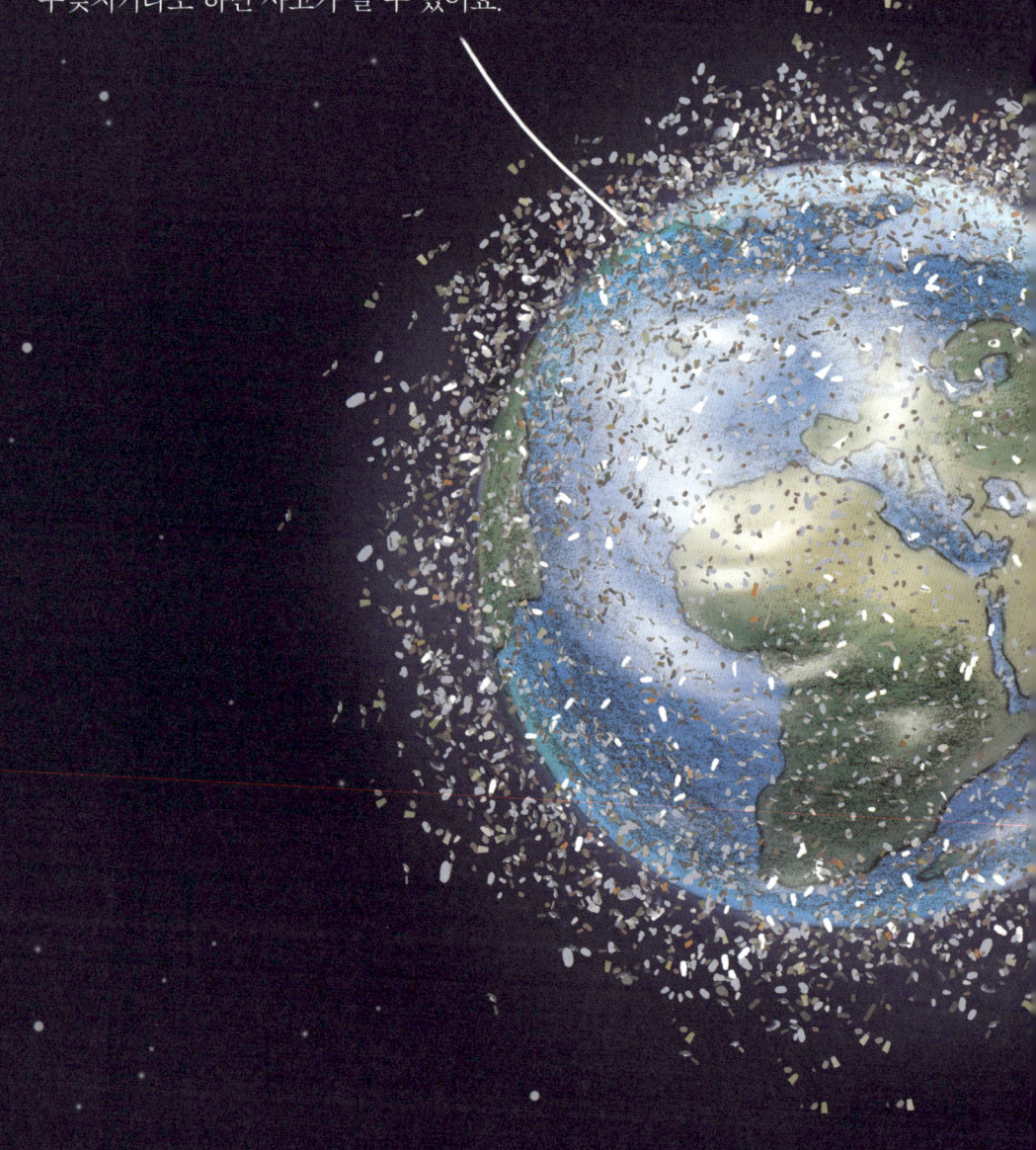

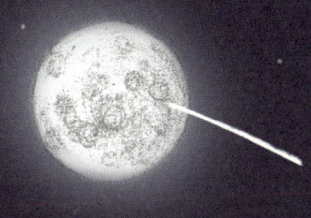

달에도 우주 비행사들이 착륙했을 때
남기고 온 쓰레기가 있어요.

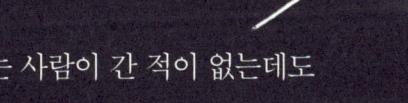

화성에는 사람이 간 적이 없는데도
고장 난 탐사 로봇 따위의 쓰레기가 많아요.

우리가 지구에 쌓은 어마어마한 쓰레기 매립장은
우주에서도 보일 정도예요. 이 쓰레기 산은 인간이 만든
거대한 창조물이에요. **우리는 왜 이렇게 쓰레기를
많이 만드는 걸까요?**

오늘날

우리는 대부분 별 부족함 없이 살고 있어요. 많이 사고, 많이 버리죠. 가게에 들어오는 과일과 채소는 전부 싱싱해 보여요. 너무 작거나 흠이 있는 것은 농부의 손에 당장 버려지죠. 가게 주인 역시 신선도가 좀 떨어졌다 싶은 것을 계속해서 골라내고요.

그러다 보니 아직 먹을 수 있는 음식이 많이 버려져요. 뷔페에서 남은 음식처럼 식당에서 버려지는 쓰레기도 많아요.

먹을 수 있는 음식을 처리하기는 성가신 일이기 때문에, 이런 음식을 모아서 필요한 사람들에게 나눠 주기도 한답니다.

더 알아보기
*3)

52

판매자와 생산자는 많이 팔아야 돈을 많이 벌어요. 그래서 온갖 꾀를 써서 소비자가 원래 사려던 것보다 더 많이 사게 해요. 예를 들어 한 뿌리로도 충분한 마늘을 세 뿌리씩 묶음으로만 파는 거죠.

특가 상품 역시 필요한 양보다 더 많이 사게 만들어요. 이렇게 구매한 물건은 집에서 상해 버리는 경우가 많죠.

유통 기한을 넘긴 물건은 상하지 않았어도 의심이 가요. 유통 기한이 지난 음식은 안전을 위해서라는 이유로 그냥 버리곤 해요.

많은 물건을 이중, 삼중으로 포장하거나 실제보다 커 보이게 **과대 포장**해요.
집에 와서 포장을 풀면 그 안에서 나오는 물건은 아주 작아요.

고객들이 이걸 원한다니까요.

물론 생산자는 포장 비용까지 소비자가 부담하도록 해요.

쓰레기

한 번 쓰고 버려지는 물건도 많아요.

종이봉투 · 일회용 장갑 · 면봉 · 키친타월 · 일회용 기저귀 · 일회용 컵 · 일회용 그릴 · 빨대 · 종이 접시 · 비닐봉지

어떤 물건은 일부러 오래 쓰지 못하게 만들어요. 이런 물건은 품질이 떨어지는 재료로 만들어지는데, 한 부분이 **고장 나면** 대체할 부품을 구할 수가 없어요. 원래 있던 물건을 생산하지 않고 계속해서 새로운 모델을 만들기 때문이죠. 처음부터 고칠 수 없게 만들기도 해요. 그래서 수리를 맡기는 것보다 새것을 사는 편이 더 쉽고 비용도 덜 들 때가 많아요.

오래 가는 물건이 많지 않다 보니,
사람들은 자주 **새것**을 사요.

쓰레기

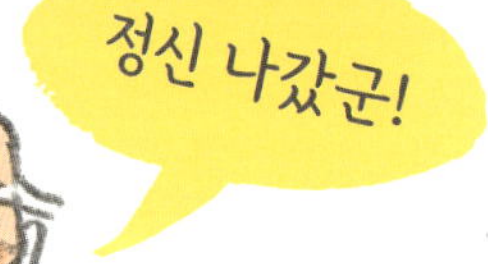

정신 나갔군!

고객들이 선뜻
사는걸요.

새것이 많이 팔릴수록 생산자와
판매자는 돈을 더 많이 벌게 돼요.

쓰레기

계속해서 새로운 **유행**이 등장하는데, 유행에 뒤떨어진 옷을 입고 좋아할 사람이 누가 있겠어요? 사람들은 실제로는 더 입고 쓸 수 있는 물건까지 버린답니다. 유행을 따르는 물건은 점점 더 많아지고 있어요. **기술의 발달** 역시 오래된 물건을 버리는 이유가 되죠.

새것 / 고물 / 새것

광고는 항상 새로운 욕구를 불러일으켜요. 사람들은 전에는 뭔지도 몰랐던 것을 갖고 싶어 하죠. 새 물건을 가지면 기분이 정말 좋아져요. 하지만 금방 또 다른 욕구가 생겨요.

물건이 많이 팔릴수록 생산량이 높아지고 일자리도 늘어납니다. 많이 팔리면 모두에게 좋은 거죠.

집에는 물건들이 쌓여요. 점점 더 많아지죠! 요즘같이 바쁜 시대에는 사 놓은 물건을 다 쓸 시간도 없어요. 많은 물건이 쓰이지 못한 채 그저 장이나 선반에 처박히게 돼요.

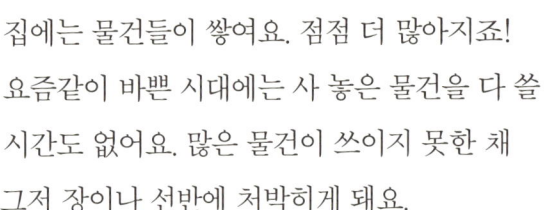

물건이 많아지면 정리 정돈이 어렵고 시간도 오래 걸려요. 정리의 달인이라 부를 만한 가족도 있지만……

정리 정돈 때문에 다툼이 끊이지 않는 가족도 있답니다. 모든 걸 더 이상 감당하지 못하기도 해요. 이럴 때 사람들은 물건을 다시 버리고 싶어 하죠.

밤에는 온갖 동물들이 **쓰레기 도둑**이 되어 먹이를 찾아 나서요. 그러니 쓰레기는 잘 봉해서 확실하게 처리해야 한답니다.

쓰레기를 가져가는 것보다 더 큰 문제는
쓰레기를 몰래 마구 버리는 거예요.

쓰레기를 버리려면 돈이 드는데,
어떤 사람들은 이 돈을 아끼려고 자기 쓰레기를
몰래 다른 집에 버리거나 아예 트럭으로 싣고 가서
어딘가에 버리고 오기도 해요.

쓰레기를 몰래 버리는 사람은 쓰레기 처리 비용을 안 내도 되죠. 얌체처럼 이득을 보는 거예요. 반면에 다른 사람들은 손해를 봐요. 누군가 몰래 유독성 폐기물을 놓고 가면, 주변 환경이 오염되고 거기 사는 사람들은 영문도 모른 채 갑자기 병에 걸리기도 하니까요.

우리는 **가난한 나라**를 쓰레기 투기 장소로 이용해요.
대개 법이 덜 엄격하고 노동력이 싸고 사람들의 불평도 없는 곳이죠.
이런 이유로 우리의 쓰레기가 가난한 나라에 버려져요.

방글라데시, 치타공

인도, 알랑

우리는 전자 제품 폐기물을 배에 실어 가난한 나라로 보내요. 쓰레기장에서는 주로 어린아이들이 일해요.

가나, 아크라

캄보디아, 안롱피

세계에는 **쓰레기 수거**가 이루어지지 않는 곳도 많아요. 수백만 명의 사람들이 쓰레기로 지은 오두막집에 살죠. 이들은 부자가 버린 쓰레기로 먹고살면서 쓸 수 있거나 내다 팔 수 있는 쓰레기를 모아요. 대부분의 쓰레기는 그냥 땅에 쌓여 있거나 비에 씻겨 강으로 흘러가요. 세계의 모든 강에 떠다니는 쓰레기는 결국 바다로 가요.

더 알아보기
*5)

더 알아보기 *6)

1997년, 잘 알려지지 않은 지역을 항해하던 사람이 새로운 섬을 발견했어요. 아니, 섬이라기보다는 플라스틱 폐기물로 이루어진 걸쭉한 죽처럼 보였는데, 정말이지 엄청나게 컸답니다! 쓰레기는 대양 사이의 해류가 만나는 지점에 서로 모여요. 그 가운데에 소용돌이가 생기고, 그 안에서 세계 각지에서 온 플라스틱이 넘실대죠. 이런 **쓰레기 섬**이 지금까지 다섯 개나 발견되었어요.

물속에도 많은 쓰레기가 떠다녀요. 동물들은 어부가 버린 그물과 끈에 묶여 죽곤 하죠.

 캘리포니아주와 하와이 사이

바닷속에는 아주 작은 쓰레기도 있어요. 바로 **미세 플라스틱**이에요. 맨눈으로는 전혀 볼 수 없을 만큼 작디작은 조각들이죠. 미세 플라스틱은 비누를 만들 때 풍성한 거품을 내거나 각질 제거 효과를 높이기 위해 넣어요. 옷을 빨 때도 플라스틱 섬유가 나와요. 또 끊임없이 닳는 자동차 바퀴에서 나온 성분도 빗물에 씻겨 하수구로 흘러가죠. 이 플라스틱 조각들은 하수도를 통해 하수 처리장으로 가지만, 크기가 너무 작기 때문에 모든 필터를 통과해 강으로, 결국에는 바다로 흘러가요.

쓰레기는 파도에 밀려 서서히 점점 더 작은 조각으로 부서져요. 플라스틱은 썩지 않기 때문에 생물의 몸에서 소화되거나 부식질로 변하는 일이 없죠. **플라스틱은 결코 사라지지 않아요!** 영원히 플라스틱으로 남아요. 게다가 유독성 첨가물도 들어 있으니 절대 먹어서는 안 되는데……

하지만 먹게 되죠! 바다에 사는 동물들은 플라스틱을 먹잇감과 구별하지 못해 같이 먹어 버려요. 셀 수 없이 많은 작은 바다 동물이 바닷속을 떠다니다 미세 플라스틱을 먹게 되죠. 이 동물들은 작은 갑각류나 조개, 해파리와 물고기의 먹이가 되고, 이들은 또 다시 더 큰 물고기와 물개, 물범, 바다코끼리 등에게 잡아먹혀요.

우리 인간도 물고기를 즐겨 먹어요. 우리가 버린 쓰레기가 여러 몸을 거치며 해를 입히고 다시 우리의 접시 위에 오르게 되는 거예요.

이제 플라스틱은 없는 곳이 없어요!
바다 동물의 몸속, 바닷가 모래밭과 빗방울, 심지어는 우리 몸속에도 있죠. 이런 일이 일으킬 결과에 관한 연구는 이제 겨우 시작 단계에 있답니다.

온 세상이 우리가 버린 것으로 가득하고, 어디서나 쓰레기와 관련된 문제가 나타나고 있어요.
이런 상황을 바꿀 수는 없을까요?

바꿀 수 있어요!

우리가 버리는 쓰레기는 바로 우리가 직접 사는 것들이니까요.
쓰레기는 우리가 매일 쓰고 버리는 수많은 것으로 이루어져요.

- 패스트푸드점 같은 곳에서는 쓰레기가 많이 나와요.
  패스트푸드점에서 음식을 **도시락 통과 물병**에 담아
  달라고 하거나, **일회용이 아닌 그릇과 식사 도구**를
  사용하는 곳에서 식사를 할 수 있어요.

일회용 그릇은 육지든 바다든 할 것 없이
세계 곳곳에 버려져 있어요.

● 장을 볼 때부터 **포장에 신경 써요.**
불필요하게 포장된 것은 사지 않아요.
과일과 채소는 포장 없이 필요한 만큼만
살 수 있는 곳에서 구입해요.

포장재는 수명이 아주 짧아서 곧 쓰레기가 되어요.

● 가게에서 바로 뜯어도 괜찮다면 그게 바로
과대 포장이에요. 그 포장재는 가게에 두고 와요.
물론 이때에도 쓰레기는 생기지만,
쓰레기를 처리해야 하는 가게에서 나중에는
과도한 포장을 하지 않는 계기가 될 수 있죠.

- 수돗물을 마셔요. 수돗물은 엄격히 관리되므로 건강에 해로울 게 없답니다. 수돗물은 판매되는 생수보다 값이 훨씬 싸고 쓰레기도 나오지 않아요. 다만 오래된 수도관을 통과하면서 물이 오염될 수 있으니 정수기를 사용하거나 끓여 마시면 더 안전해요.

마시는 물

플라스틱 생수병은 대부분 딱 한 번 사용된 뒤 수고롭게 먼 곳으로 이동해 다시 녹여져요.

- 일회용품을 쓰면 쓰레기가 많이 생겨요. **리필**이 가능한 물건을 쓰면 쓰레기를 줄일 수 있죠. **재사용 병**에 담긴 우유와 주스, 유리병에 든 요거트를 판매하는 곳도 많은데, 이런 경우 다 쓴 병을 가게에 다시 갖다 줄 수 있어요. 그러면 그 병에 다시 우유, 주스와 요거트를 채워 파는 거죠. 어떤 도시에는 모든 물건을 **포장 없이 파는 가게**가 있어요. 이곳에는 손님들이 직접 용기를 가져가요.

재사용 병은 50번 정도 다시 쓸 수 있어요.

쓸데없이 많은 쓰레기를 발생시키는 물건에 비싼 값을 매긴다거나 생산을 금지한다거나 아예 가게에서 판매하지 않으면 쉬울 거예요. 하지만 아직까지 이런 법은 없기 때문에 우리 스스로 결정을 내려야 해요.

우리는 같은 물건을 여러 번 사는 경우가 많아요. 이런 물건은 한 번만 깊이 생각해도 충분하죠.

- 어떤 물건을 살지를 돕는 **마크**가 붙은 물건이 많아요. 하지만 건강에 해롭거나 환경을 해칠 수 있는 물건에는 마크가 포장 앞쪽에 크게 붙어 있지 않고 뒤쪽이나 잘 알아볼 수 없는 곳에 작게 표시되기도 하죠. 때로는 조사가 좀 필요하기도 하답니다. 어떤 마크가 있는지 한번 보아요!

한국에서 쓰고 있는 마크

환경 마크
물건을 만들어서 유통하고, 쓰고, 버리는 모든 과정에서 에너지와 자원을 덜 쓰고 오염 물질을 줄였음을 인증하는 마크예요. 마크를 받은 물건을 주기적으로 꼼꼼히 조사해서 인증을 취소하기도 해요.

GR 마크
우수한 재활용 물건이라는 뜻이에요. 원료를 재활용하여 만든 물건 중에서도 품질과 성능이 훌륭한 물건에만 붙여요. 이 마크를 받은 물건도 3년에 한 번씩 조사를 받아야 해요.

재활용 마크
재활용할 수 있는 포장재라는 뜻이에요. 포장재의 원료에 따라 삼각형의 가운데에 페트, 캔류, 종이, 비닐류, 유리, 종이팩, 플라스틱이라고 적혀 있고, 더 세부적인 원료의 이름을 삼각형 표시 아래에 적어 놓기도 해요.

빈 용기 보증금 제품 마크
다 쓴 용기를 재사용할 수 있는 물건에 표시해요. 빈 용기를 대형 마트에 있는 빈 용기 무인 회수기에 넣으면 마크에 적힌 만큼 보증금을 돌려 줘요.

이런 마크도 있어요!

블루 엔젤 마크(독일)
세계 최초로 만들어진 친환경 인증 마크로, 세계적인 권위를 인정받고 있어요. 독성이 덜하거나 특별히 경제적이거나 친환경적으로 생산된 물건임을 의미한답니다.

독성이 있거나 환경을 해치는 제품에 붙이는 대표적인 **경고 마크**예요. 특별한 경우가 아니라면 이런 마크가 붙은 물건을 사지 말아요. 대부분 친환경적인 물건으로 대체할 수 있답니다.

- **후각을 이용해요.** 독한 냄새가 나면 정말로 독성이 있을 때가 많아요. 냄새가 심한 플라스틱은 될 수 있으면 사용하지 않는 게 좋아요. 염료나 접착제, 연필 등도 마찬가지죠. 독성을 지닌 물건이 덜 팔리면, 자연으로 흘러들어 가는 독이 줄어들 거예요.

- 더 전문적인 조사를 하고자 한다면, 욕실 용품에 **미세 플라스틱**이 얼마나 들어 있는지 차분하게 살펴보아요. 미세 플라스틱은 바다로 흘러드는 아주 작은 플라스틱 조각이죠. 샴푸나 샤워 젤, 치약, 선크림, 물비누의 포장에 작은 글씨로 적혀 있답니다.

폴리에틸렌(PE), 폴리프로필렌(PP), 폴리아크릴레이트(PA), 폴리에틸렌테레프탈레이트(PET), 폴리우레탄(PUR), 폴리스티렌(PS), 아크릴레이트 코폴리머(AC), 아크릴레이트 크로스폴리머(ACS), 에틸렌-비닐아세테이트-코폴리머(EVA), 폴리메타크릴산 메틸(PMMA), 폴리쿼터늄-7(P-7), 나일론-12, 나일론-6

이렇게 원료 이름에 '폴리'나 '아크릴'이 있다면 미세 플라스틱이 포함되었다는 뜻이에요. 안타깝게도 이를 표시하는 마크는 따로 없어요.

새 물건이 최대한 적게 만들어진다면 환경에 훨씬 유익할 거예요. 과잉 생산을 막으려면 나에게 정말 필요한 게 무엇인지를 정확히 생각해야 해요. 우리가 할 수 있는 일은 다음과 같아요.

- **구매 목록**을 작성하고, 배고픈 상태로 장을 보러 가지 않아요. 배가 어느 정도 불러야 정말 필요한 음식만 살 수 있어요.

- 음식물의 **유통 기한**은 생산자가 가장 좋은 맛을 보증하는 기간을 뜻해요. 하지만 유통 기한이 지난 뒤에도 한참 더 먹을 수 있어요. 음식을 버리기 전에 우선 잘 살펴보고, 냄새를 맡아서 이상한 기미가 없다면 맛있게 먹도록 해요. 하나도 썩지 않았는데 버려지는 음식이 많답니다.

뭐라고?

- 필요 없거나 이미 갖고 있는 **선물은 사양해요.** 무례하게 보이지 않으려면 환경을 지키기 위해서라고 친절하게 설명해요.

- 끊임없이 새로운 욕구를 불러일으키는 **광고를 멀리해요.** 광고는 어디에나 있으니 쉬운 일은 아니에요. 우편함에 스티커를 붙여 놓기만 해도 도움이 된답니다. (이러면 종이 쓰레기도 줄일 수 있어요.)

광고 사절

- 뭔가를 사고 싶어 하거나 사는 대신 친구한테 **빌리는** 방법도 있어요. 책과 장난감은 도서관에도 있죠. 아니면 친구와 서로 바꿔 써요. 항상 새것을 갖는 기분을 느낄 수 있답니다.

- 고장 난 물건은 **수리해요.** 물건마다 고칠 수 있는 전문가가 있죠. 운이 좋으면 가족 중에 있을 수도 있어요.

- 물건을 **아껴 써요.** 종이의 양면을 다 쓰면 한 면만 쓸 때보다 새 종이를 아낄 수 있어요. 이면지는 그림을 그릴 때 사용해요.

- 쓰레기 봉투 역시 쓰레기가 돼요. 꼭 필요한 종량제 봉투만 써도 충분하답니다.

자자, 이제 꼭 필요한 것만 사도록 하자고.

● 나에게 뭐가 필요한지를 알려면 지금 무엇을 갖고 있는지 알아야 해요. 서랍장과 선반에 있는 물건을 전부 꺼낸 다음, 정말 사용하는 것만 제자리에 다시 놓아요.

● 나머지 물건은 버리는 대신 다른 사람에게 **줄 수 있어요.** 불필요하게 많이 주어서는 안되겠지요. 물건을 **상자**에 넣어 집 앞에 놓아 두는 방법도 있어요.

남은 것은 다시 가져가야 합니다, 아셨죠?

● 아니면 **벼룩시장**을 열어요. 제대로 된 식기에 담아 간식과 음료를 함께 팔면 돈도 벌 수 있어요.

● 필요 없는 물건을 **기부**할 수도 있어요. 복지 시설에서는 도움이 필요한 사람을 위해 기부를 받아요. 하지만 아무리 가난한 사람이라도 필요 없는 쓰레기를 받고 싶어 하지는 않아요. 그들에게 무엇이 필요한지 먼저 문의하도록 해요.

낡은 책가방, 안경, 코르크, 우표 등을 모으는 수집가도 있어요! 많은 것이 누군가에게는 기쁨이 될 수 있죠. 그럼 결국 그걸 주는 사람도 기쁘고요.

쓰레기 없는 삶을 시도하는 사람이 점차 많아지고 있어요. 이 사람들은 모든 걸 병에 담거나 포장 없이 구매하고, 많은 물건을 빌려 쓰며 최대한 오래 사용해요. 필요 없어진 물건은 다른 사람에게 나눠 줘요. 음식물 쓰레기는 거름으로 쓰고, 치약, 샴푸, 세제 등을 쓰레기가 나오지 않게 직접 만드는 방법을 공유하죠. 이들이 일 년 동안 만든 쓰레기는 작은 유리병 안에 다 들어갈 정도예요.

존슨 씨네 가족 네 명이 2016년에 버린 쓰레기:

물건을 **아주 조금만** 가지려는 사람도 적지 않아요. 적게 사면 쓰레기도 적게 나오죠. 물건이 적으니 작은 집에 다 들어가고, 집이 작으니 돈도 덜 들고, 일을 덜 해도 돼요. 아주 작은 집에서도 살 수 있죠. 이런 타이니 하우스(Tiny House)에 사는 사람은 정리와 청소도 금방 끝낸답니다.

온 세상 사람들이 쓰레기 때문에 골머리를 앓고 있어요. 다들 자연을 걱정하며 대책을 세우려 하죠. **우리 모두가 힘을 합치면** 변화를 만들 수 있어요. 변화는 이미 시작되고 있답니다.

우리가 더 할 수 있는 일은 무엇일까요?

● 물건을 버리기 전에 되도록 오래 쓰도록 해요.
새것 대신 중고품을 사면, 물건의 수명을 늘릴 수 있어요.

옛날 물건이 더 튼튼하기도 하지.

● 한 번 쓰고 버려야 하는 싸구려보다는 **오래 가는 물건**을 구매해요. 값은 좀 더 비쌀지 모르지만, 길게 보면 싸기만 하고 오래 가지 못하는 물건을 사는 것보다 돈이 덜 드는 셈이죠.

● 물건이 쉽게 고장 난다면 판매자나 생산자에게 **항의**해요. 판매자가 그 물건을 더 이상 주문하지 않으면, 결국에는 엉터리 물건의 생산이 줄어들 테니까요.

● 더 이상 제 구실을 못 하는 물건은 상상력을 동원해 다른 것으로 만들어 봐요. 이 또한 물건의 수명을 늘리는 동시에 많은 비용을 들여 원료를 재활용하거나 새것을 사는 것보다 나은 방법이랍니다. 전 세계적으로 이미 멋진 아이디어가 많이 소개되었어요.

깡통으로 만든 **등**

종이를 말아 만든 **구슬**

샴푸 통으로 만든 **자동차**

자동차 타이어로 만든 **신발**

우유 곽으로 만든 **지갑**

자동차 타이어로 만든 **자전거 거치대**

유리병으로 만든 **온실**

자전거 타이어로 만든 **벨트**

깡통으로 만든 **죽마**

비닐봉지로 만든 **바구니**

페트병으로 만든 **촛불 바람막이**

체로 만든 **전등갓**

유리 조각으로 만든 **모자이크**

문짝으로 만든 **식탁**

병으로 만든 **전등 지지대**

나무 팔레트로 만든 **의자**

플라스틱 병으로 만든 **뗏목**

쓰레기로 만든 집도 있어요. **어스십**(Earthships)이라 불리는 이 집은 작은 오두막 같은 곳이 아니라 사람이 들어가 살 수 있는 제대로 된 집이랍니다. 이 집은 폐타이어, 병과 깡통 등을 이용해 장소에 관계없이 몇 주 만에 지을 수 있어요.

공병을 벽돌 삼아 만든 반짝이는 화려한 유리벽

더 알아보기 *9)

점토를 채운 **타이어**와 그 틈새를 메운 **음료수 캔**

쓰레기는 쓰레기가 아닐 수도 있어요. 무엇이 쓰레기인지는 **각자가 정하는 것이랍니다!**

정말 아무런 쓸모가 없게 된 것만 재활용품 통에 넣어
원료가 최대한 재생될 수 있도록 해요.

이 쓰레기 좀
가지고 나갈래?

그리고 정말 마지막으로 남은 쓰레기는
일 년에 딱 한 번만 가지고 나가자고요!

더 알아보기

본문에서 다룬 내용을 더 깊이 알아보아요!

*1) 11쪽

1917년 **마르셀 뒤샹**(Marcel Duchamp)은 어떤 미술 전시회에 남성용 소변기를 내놓았어요. 이 작품은 거절당했지만 거센 논란의 대상이 되었죠. 나중에 이 소변기는 어느 미술관에 전시되었어요. 그리고 나서는 분실되었는데, 아마 버려졌을 거예요. 예술가 요제프 보이스(Joseph Beuys)는 무엇을 닦아 내는 행위도 하나의 작품으로 만들었는데, 그 작품의 제목은 '지방 귀퉁이(Fettecke)'예요.

*2) 33쪽

이와 관련된 연구 분야가 있는데, 바로 **원자 기호학**(Atom-Semiotics)이에요. 연구자들은 의식을 만들어서 규칙적으로 거행하기, 소문과 전설을 근처에 퍼뜨리기, 제방이나 돌기둥, 가시덤불 조성하기, 한 세대에서 다음 세대로 말 전달하기 같은 방법으로 방사능과 핵폐기물의 위험성을 후대까지 알리고자 해요.

*3) 52쪽

독일의 많은 도시에서 **타펠**(Tafel) 연합이 운영돼요. 이 연합에서는 상점에서 필요 없지만 아무 이상 없는 먹을거리를 가져와 한데 모으죠. 가난한 사람들은 여기에서 음식을 가져갈 수 있어요. 한국에도 전국 각지에서 450개가 넘는 푸드뱅크를 운영하고 있어요. 식품 제조업체나 상점으로부터 남는 음식을 기부받아 어려운 아이들이나 어르신에게 나누어 주고 있답니다.

60쪽
*4) 쓰레기통 뒤지기, 즉 쓰레기통의 쓰레기를 가져가는 행위는 독일에서는 도둑질로 간주되어 경찰에게 잡혀요. 어떤 슈퍼마켓에서는 쓰레기 도둑에 대한 경고로 버린 음식 위에 화학 약품을 뿌려 놓기도 해요. 하지만 오스트리아와 스위스, 한국 등의 나라에서는 범죄로까지 여겨지지는 않아요.

67쪽
*5) 우리가 **헌옷 수거함**에 버린 수많은 낡은 옷이 가난한 나라에 팔려요. 하지만 부자 나라에서 들여온 값싼 옷이 국내 의류 생산자의 상품 판매를 어렵게 만든다는 이유로 수입을 금지하는 나라들도 생겼답니다.

68쪽
*6) 찰스 무어(Charles Moore)가 발견한 이 섬은 이제는 **태평양 거대 쓰레기 지대**라 불려요. 찰스 무어는 섬을 발견한 뒤로 평생을 그 섬에 바쳤어요. 쓰레기 섬 문제를 연구하고 이를 세계에 널리 알리기 위해 노력하고 있죠.

^{82쪽} *7) 미국의 **베아 존슨**(Bea Johnson)은 2008년부터 가족과 함께 쓰레기가 거의 없는 삶을 살고 있어요. 자신의 경험을 토대로 책도 썼고요. 상도 많이 받았지만, 비판과 위협을 받기도 했어요. 존슨은 상패는 받지 않았어요. 자기에게 필요도 없고 언젠가는 버려질 물건, 즉 쓰레기일 뿐이라는 생각 때문이었죠.

비닐봉지는 안 됩니다!

^{84쪽} *8) 2008년 아프리카에 있는 **르완다**는 세계에서 처음으로 비닐봉지 사용을 금지했어요. 소들이 버려진 비닐봉지를 먹고 죽어 갔기 때문이었어요. 르완다에는 한 장의 비닐봉지도 갖고 들어갈 수 없어요. 점점 더 많은 도시, 지역, 나라가 이를 따라 비닐봉지나 다른 플라스틱 일회용품의 사용을 금지하고 있답니다.

^{89쪽} *9) 쓰레기 집은 미국의 건축가 **마이클 레이놀즈** (Michael Reynolds)가 만들었어요. 이 집에는 난방도 필요 없어요. 두꺼운 벽이 겨울에는 온기를 품고 있고, 여름에는 열이 들어오지 못하게 막거든요. 현재 독일에서는 이런 집을 짓는 것이 허용되지 않으며, 쓰레기는 소각장이나 매립장으로 옮겨져요. 한국에서는 아직 공식적으로 논의되지 않고 있답니다.

Müll. Alles über die lästigste Sache der Welt by Gerda Raidt
© 2019 Beltz & Gelberg in the publishing group Beltz- Weinheim Basel
Korean Translation © 2019 by Wisdom House, Inc. All rights reserved.
The Korean language edition is published by arrangement with Verlagsgruppe Beltz through MOMO Agency, Seoul.

이 책의 한국어판 저작권은 모모 에이전시를 통해 Verlagsgruppe Beltz 사와의 독점 계약으로 ㈜위즈덤하우스에 있습니다.
저작권법에 의해 한국 내에서 보호를 받는 저작물이므로 무단전재와 무단복제를 금합니다.